プレゼンドリル

● 伝(つた)えかた・話(はな)しかた ●

西脇資哲
にしわき・もとあき

はじめに

プレゼンテーションとは「上手に伝える」こと！

「伝えかた」を身につけよう

あんな研究をしてみたい、こんな勉強がしたい、外国へ行ってみたい、あのおもちゃがほしい、お友達と遊びたい、一緒にゲームをやりたい、カードを交換したい—みなさんが何かを「したい」と思ったとき、それを誰かに「伝える」必要があります。上手に伝えることができれば、おもちゃを買ってもらえるかもしれないし、お友達を遊びに誘えるかもしれません。上手に伝えることができなかったら、あなたがしたかったことができなくなってしまうかもしれません。

こんな風に、わたしたちは、知らず知らずのうちに、毎日誰かに何かを「伝える」ことをして、成功したり、失敗したりしています。

さて、このドリルのテーマである、プレゼンことプレゼンテーションとはいったいなんでしょうか？

プレゼンテーションというと、大勢の人の前で何かを発表するところを思い浮かべる人が多いかもしれません。もちろん、それがプレゼンテーションです。でも、「大勢の人の前で発表すること」が、プレゼンのポイントなのではありません。プレゼンのポイントは「上手に伝えること」にあるのです。

だから、プレゼンのテクニックを身につけるということは、「伝えかた」を身につけるということになります。このドリルで、いろいろな「伝えかた」を学んでみましょう。

「伝える」ための「話しかた」を学ぼう

上手に伝えるために、とくに大切なのが「話しかた」です。どんな風に話せば相手によりよく伝えることができるのでしょうか？

このドリルでは、話の流れの作りかたや、かっこいい話しかたのテクニックを勉強していきます。

本書を使うことで、学校でのプレゼンはもちろんのこと、日々の暮らしの中の「プレゼン」も上手になって、みなさんの毎日がもっともっと楽しくワクワクするものになることを願っています。

西脇資哲

目次

はじめに　プレゼンテーションとは「上手に伝える」こと！ ……… 002

ドリルの使いかた ………………………… 004

ドリルの注意点 ………………………… 006

第1章　「伝える」方法を学ぼう ……………… 007

第2章　シナリオを作る ……………………… 029

第3章　スライドを説明するトレーニング ……… 051

第4章　かっこよく話す基本テクニックと裏技 …… 065

第5章　実践！プレゼンテーションの手引き ……… 087

模範解答集 ……………………………… 099

保護者のみなさんへ …………………… 126

ドリルの使いかた

①まずは、お手本を読んでみてください。

お手本

誰に？
テレビの前のみなさんに

何を？
天気の予想を

どうやって？
天気図を見せて

プレゼンドリルは正しい答えがひとつだけあるわけではありません。正しい答えはたくさんあります。自由に考えて、あなただけの答えを書いてみましょう。どうしても答えが思い浮かばないときは、模範解答に答えの例が書いてあるので、それを見てから、別の答えを考えてみてください。

②お手本を思い出しながら問題を解いてみてください。

問題 1

誰に？

_____

何を？

_____

どうやって？

_____

誰に？…「おばあさん」、または、「お巡りさん」。
何を？…「道」、「八百屋さんの場所」、「おうちの場所」など。
どうやって？…「地図を使って」、「指をさして」など。

答えを書いたら大きな声で読みあげてみてください。

ドリルの注意点

模範解答は答えの例です。答えはいくつもあります。
たったひとつの正しい答えというのはありません。

答えがわからなかったら、
模範解答を見て参考にしてから、
別の答えを考えてみてください。
答えを書いたら大きな声で読みあげてみてください。

むずかしいときは、おうちの人や、
お友達や先生と一緒にやってみてください。

ドリルの最後に、プレゼンのやりかたが書いてあります。
おうちや学校で、プレゼンテーションを
披露してみてください。

第1章
「伝える」方法を学ぼう

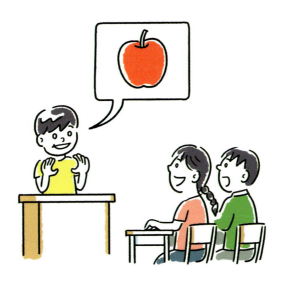

この章で学ぶこと

自分の考えや意見、経験をわかりやすく説明するために

➡ 何を伝えるのか？

➡ どうやって伝えるのか？

➡ 誰に伝えるのか？

を整理しよう！

お手本

赤ちゃんは　ミルクがほしい　から　泣く

問題 1

赤ちゃんは ＿＿＿＿＿ から ＿＿＿＿＿

赤ちゃんは ＿＿＿＿＿ から ＿＿＿＿＿

赤ちゃんは ＿＿＿＿＿ だから ＿＿＿＿＿

プレゼンテーションは「何かを伝えて」、「何かをしてもらう」こと。赤ちゃんのころからみんなやっているよ！

早(はや)く寝(ね)てくれないかな？

かわいいなあ

おなかはすいてないかな？

お母(かあ)さんは赤(あか)ちゃんを _____ ために _____

お母(かあ)さんは赤(あか)ちゃんを _____ ために _____

お母(かあ)さんは赤(あか)ちゃんを _____ ために _____

お手本

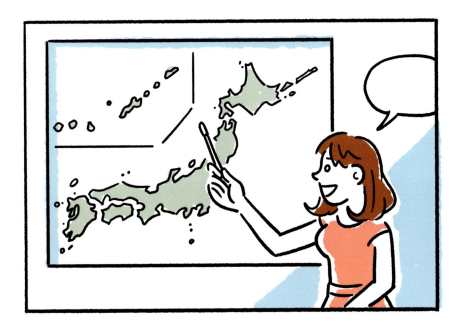

誰に？
テレビの前のみなさんに

何を？
天気の予想を

どうやって？
天気図を見せて

問題 3

誰に？

何を？

どうやって？

もんだい
問題 4

誰に？

_____

何を？

_____

どうやって？

_____

問題 5

誰に？

_____

何を？

_____

どうやって？

_____

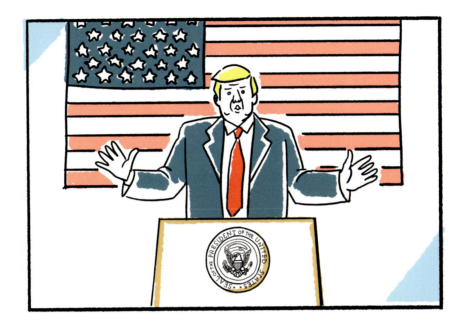

誰に？

_____

何を？

_____

どうやって？

_____

問題 7

誰に？

_____

何を？

_____

どうやって？

_____

問題 8

誰に？

_____

何を？

_____

どうやって？

_____

誰に？

_____

何を？

_____

どうやって？

_____

プレゼンテーションができあがるまで

何を伝えるのか？
- 伝えたいことを決めて
- 話す順番シナリオを考えて

どうやって伝えるのか？
- 資料／スライドを作って
- わかりやすい話しかたをする

西脇メモ: 伝えたいことってなんだろう？ 伝えたいことは自分の気持ちや意見、考え。書いてあることをただ読むのではなくて自分の意見や考えを伝えよう。

伝えたいことってなんだろう？

- 自分の気持ちや意見、考え
- 書いてあることをただ読むだけではなく、自分の意見や考えを話そう

✕ バナナです

○ 甘くてまろやかです。スーパーや八百屋さんでとても安い値段で買うことができます

お手本

レモンです

さわやかな黄色の果物です。味はとてもすっぱいのではちみつと一緒に食べるといいでしょう。さっぱりするので果汁をとりのからあげにかけるのもおすすめです

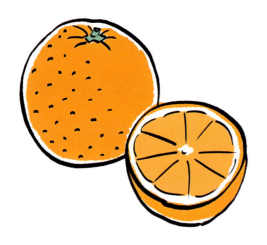 

オレンジです

答えが書けたら声に出して読みあげてみよう！

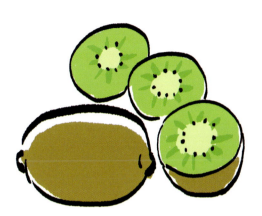

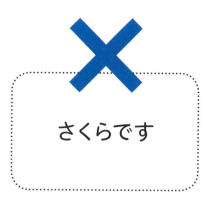

第1章まとめ

● プレゼンテーションは「誰か」に「何か」をしてもらうために「伝える」こと。

● プレゼンテーションをするには、まず「伝えたいこと」を考えよう。

● 「伝えたいこと」は、自分の気持ちや意見、考えのこと。「これはバナナです」といった、たんなる事実だけではなく、「甘くておいしいです」「とても安い値段で買うことができます」など、自分の意見や考えを話せるようにしよう。

シナリオを作る

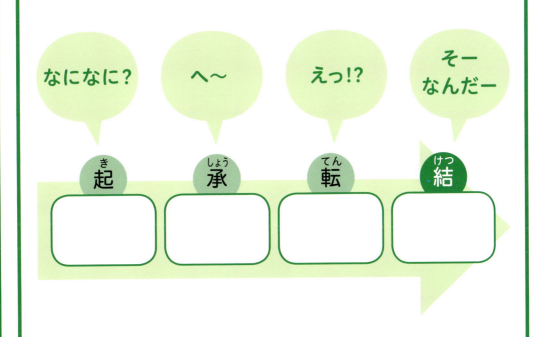

この章で学ぶこと

まず、お話をする順番を考える練習をします。

そして、起承転結の順番にシナリオを組み立てる練習をします。

最後に、起承転結ではない場合のシナリオの組み立てかたも学んでいきます。

お手本

お話をする順番を考えてみよう

おいしいカレーの作りかた

- カレー粉で味付けをする
- 食べる
- ご飯と一緒に盛り付ける
- 食材を炒める
- お野菜・お肉を切る

伝わりやすい順番

伝わりやすい順に並べて書き写そう →

1. お野菜・お肉を切る
2. 食材を炒める
3. カレー粉で味付けをする
4. ご飯と一緒に盛り付ける
5. 食べる

問題 16

どんな順で話をしているだろうか？

朝起きてから学校へ行くまで

- 登校班のみんなと合流する
- 着替える
- 着席
- トイレに行く
- 朝ごはんを食べる
- 歯を磨く
- 起きる

伝わりやすい順番

伝わりやすい順に並べて書き写そう

1. _____
2. _____
3. _____
4. _____
5. _____
6. _____
7. _____

問題 17

どんな順で話をしているだろうか？

机を片付けよう

- 机を雑巾でふく
- ゴミを捨てる
- 本を並べる
- 鉛筆やペンをペン立てに入れる
- メモ紙をそろえる

伝わりやすい順番

伝わりやすい順に並べて書き写そう

1. _____
2. _____
3. _____
4. _____
5. _____

問題 18

どんな順で話をしているだろうか？

芋掘りに行きました

- 芋を洗う
- スコップで芋を掘る
- 火を起こす
- 芋を食べる
- 芋を焼く
- 芋をアルミホイルにつつむ

伝わりやすい順番

伝わりやすい順に並べて書き写そう

1. ＿＿＿＿＿＿＿＿＿＿＿＿＿＿＿
2. ＿＿＿＿＿＿＿＿＿＿＿＿＿＿＿
3. ＿＿＿＿＿＿＿＿＿＿＿＿＿＿＿
4. ＿＿＿＿＿＿＿＿＿＿＿＿＿＿＿
5. ＿＿＿＿＿＿＿＿＿＿＿＿＿＿＿
6. ＿＿＿＿＿＿＿＿＿＿＿＿＿＿＿

問題 19

どんな順で話をしているだろうか？

天気予報をチェックしよう

- 週間天気予報
- ひと口メモ
- 明日の予報・降水確率
- 注意報・警報
- 現在の雨雲の様子

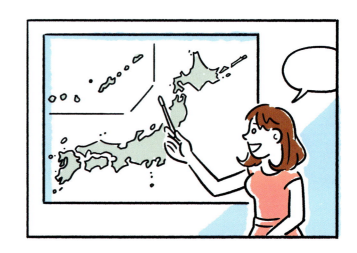

伝わりやすい順に並べて書き写そう

伝わりやすい順番

1. ＿＿＿＿＿＿＿＿＿＿＿＿＿＿＿
2. ＿＿＿＿＿＿＿＿＿＿＿＿＿＿＿
3. ＿＿＿＿＿＿＿＿＿＿＿＿＿＿＿
4. ＿＿＿＿＿＿＿＿＿＿＿＿＿＿＿
5. ＿＿＿＿＿＿＿＿＿＿＿＿＿＿＿

問題 20

どんな順で話をしているだろうか？

歴史を伝えよう

- 応仁の乱で戦国時代へ
- 本能寺の変で織田信長が死去
- 関ヶ原の戦い
- 豊臣秀吉が天下統一
- 徳川家康が江戸幕府を開く

伝わりやすい順番

伝わりやすい順に並べて書き写そう

1.＿＿＿＿＿＿＿＿＿＿
2.＿＿＿＿＿＿＿＿＿＿
3.＿＿＿＿＿＿＿＿＿＿
4.＿＿＿＿＿＿＿＿＿＿
5.＿＿＿＿＿＿＿＿＿＿

西脇メモ　お話の順番は、答えが決まっているもの（史実や物語）と答えが決まっていないもの（習慣や手順）があるよ！

問題 21

どんな順で話をしているだろうか？

桃太郎

- 犬、猿、キジをおともにする
- おじいさんが山へ芝刈りに行く
- 桃から桃太郎が生まれる
- 桃が流れてくる
- 鬼と戦う
- おばあさんが川へ洗濯に行く

伝わりやすい順に並べて書き写そう

伝わりやすい順番

1.＿＿＿＿＿＿＿＿＿＿＿＿＿＿
2.＿＿＿＿＿＿＿＿＿＿＿＿＿＿
3.＿＿＿＿＿＿＿＿＿＿＿＿＿＿
4.＿＿＿＿＿＿＿＿＿＿＿＿＿＿
5.＿＿＿＿＿＿＿＿＿＿＿＿＿＿
6.＿＿＿＿＿＿＿＿＿＿＿＿＿＿

もんだい 問題 22

どんな順で話をしているだろうか？

おいしいムニエルの作りかた

- バターを加えて溶かす
- 鮭を洗って水気をふく
- フライパンでサラダ油を熱する
- 盛り付ける
- 鮭を焼く
- 塩、こしょうを振る
- 小麦粉を鮭にまぶす

伝わりやすい順番

伝わりやすい順に並べて書き写そう

1. _____
2. _____
3. _____
4. _____
5. _____
6. _____
7. _____

お手本

"シナリオ"順に並べてみよう

秋のお天気について

だからあたたかくして寝てください	秋ですね	ところで、この季節は急にマイナスの気温になることもあるんですよ	この季節になると葉の色が赤や黄色になってきますね

なになに？ 　起　秋ですね

へ〜 　承　この季節になると葉の色が赤や黄色になってきますね

えっ!? 　転　ところで、この季節は急にマイナスの気温になることもあるんですよ

そーなんだー 　結　だからあたたかくして寝てください

もんだい 問題 23

"シナリオ"順に並べてみよう

かぜの予防、してますか?

だから、マスクとうがい、手洗いもしましょうね	かぜをひかないようにするにはマスクがいいですよ	かぜをひいていませんか?	でも、マスクだけじゃ予防できませんよ

なになに?　起（き）

へ〜　承（しょう）

えっ!?　転（てん）

そーなんだー　結（けつ）

問題 24

"シナリオ"順に並べてみよう

あなたの好きなもの

どうしてかって？ 好きなものについてプレゼンの練習をするほうが、好きじゃないものについてプレゼンの練習をするより上手になれるからです	あなたの好きなものはなんですか？	だから、あなたの大好きなものについてプレゼンしてみましょう	プレゼンの練習をするには好きなものについて説明するのがおすすめです

なになに？ 　起

へ〜 　承

えっ!? 　転

そーなんだー 　結

もんだい
問題 25

"シナリオ"順に並べてみよう

ハロウィンを知っていますか

| お友達や家族と、ハロウィンの起源について話してみるのもいいかもしれませんね！ | ところで、昔はカボチャではなくカブが使われていたんですよ | もともとは、秋の収穫を祝い、悪霊を追い払う行事でした | ハロウィンは何の日か知っていますか？ |

なになに？ → 起

へ〜 → 承

えっ!? → 転

そーなんだー → 結

もんだい
問題 26

"シナリオ"順に並べてみよう

朝ごはん、食べていますか？

朝ごはんを食べない人が増えているよ	朝ごはん、食べていますか？	だから朝ごはんを食べようね	朝ごはんを食べないとなかなか元気が出てこないよ

なになに？　起（き）

へ〜　承（しょう）

えっ!?　転（てん）

そーなんだー　結（けつ）

お手本

シナリオの作りかたの例

わたしの好きな果物

なになに？ 起

好きな果物をできるだけたくさん書いてください。

桃、梨、ブドウ、イチジク、みかん

へ〜 承

その中で、いちばん好きな果物を書いてください。どうして好きなのかも書いてください。

桃。やわらかくて甘くておいしい。みずみずしい。味が好き。においが好き

えっ!? 転

もし、そのいちばん好きな果物が、なくなったらどうしますか？

泣く。探しに行く。種をまいて育てる

そーなんだー 結

だから、どうしますか？

桃を食べるときは、感謝して食べる

問題 27

"自分の宝物"をシナリオにしてみよう

わたしの宝物

なになに？ / 起

あなたの"宝物"を書いてください。

へ〜 / 承

その"宝物"が、どういうものなのか、くわしく書いてください。
いつ手に入れたの？ どこで？ どうやって？ 大きさや色は？

えっ!? / 転

どうしてそれが"宝物"なんですか？

そーなんだー / 結

その"宝物"をこれから先、どうしていきますか？

西脇メモ

シナリオの作りかたは起承転結の他にもあるよ！

44

お手本

"シナリオ"の例：結論が先

新聞が届く時間

- わかりやすいプレゼンテーションの順番／論理的思考
- 第1段階：○○です（何を言いたいのかが先）
- 第2段階：その理由を説明する
- 第3段階：他には？

結論
新聞って朝4時に届くんだよ

理由
みんなが起きる前に配達するためだよ

他
新聞配達の人は毎日大変だね

問題 28

"シナリオ"順に並べてみよう

かぜの予防のポイント

- しかも、マスクは口だけでなく、鼻にもちゃんとあてましょう
- かぜの予防には、マスク、うがい、手洗いをしましょうね
- なぜなら、マスクだけではウイルス予防にならないからです

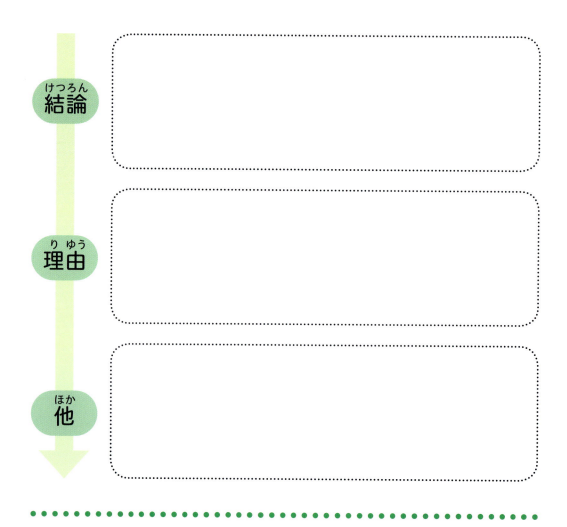

問題 29

"シナリオ"順に並べてみよう

朝ごはん、食べてますか？

- なぜなら朝ごはんを食べないとなかなか元気が出てこないからです
- 朝ごはんを食べようね
- 食パン1枚でも食べるといいですよ

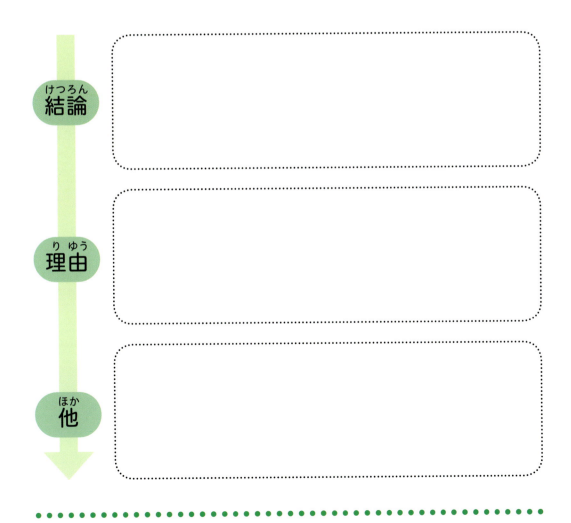

問題 30

"シナリオ"順に並べてみよう

復習の必要性

- その日のうちに復習をすれば、80%の知識が定着するといわれています
- なぜなら、学んだことはすぐに忘れてしまうからです
- 授業の復習はその日のうちにやりましょう

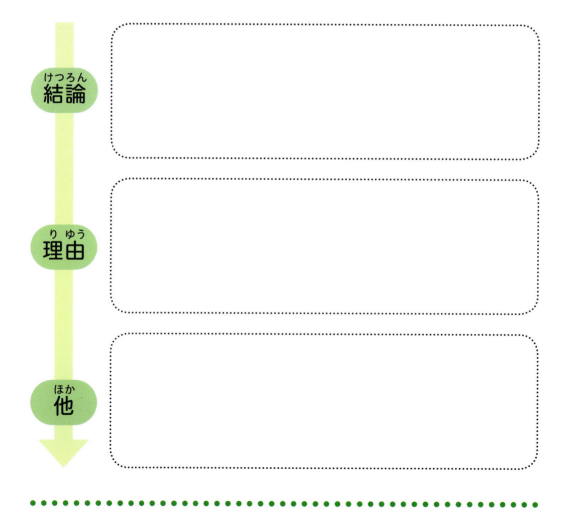

結論

理由

他

問題 31

"シナリオ"順に並べてみよう

あいさつのすすめ

- なぜなら、あいさつをすると気持ちよく過ごせるからです
- お腹から声を出すといい声が出ますよ
- 朝は大きな声であいさつをしてみませんか？

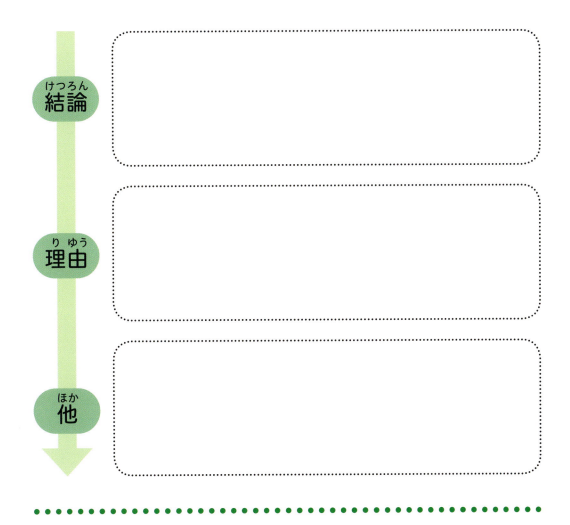

第2章まとめ

●話には順番があります。

●話の順番には、答えが決まっているものと決まっていないものがあります。

●決まっているもの／歴史上で起きたことや、昔話などの物語。

●決まっていないもの／生活の活動や、料理の順番など、人によって変わるもの。

➡話の順番の流れをシナリオといいます。

●シナリオを作るときは、起承転結で考えてみましょう。

●起承転結の他にも、結論を先に持ってくるシナリオも作ってみましょう。

第3章
スライドを説明するトレーニング

この章で学ぶこと

→プレゼンの時に使う発表資料をスライドといいます。

3章では、スライドの種類を勉強しましょう。

そして、スライドの絵や図、文字を上手に説明する練習をしてゆきます。

資料／スライドってなんだろう？

いろんな種類の資料／スライドがあるよ

ふつうタイプ

フラッシュタイプ

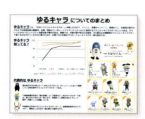

こまかいタイプ

ふつうタイプのスライド

特徴
とくちょう

- わかりやすい
- 見やすい
- ちょうどいい大きさ
- 文字の大きさもちょうどいい
- 文字、図、表がわかりやすい

こまかいタイプのスライド

特徴（とくちょう）

- 見（み）づらい
- 字（じ）が小（ちい）さい
- こまかい
- 情報（じょうほう）がいっぱい
- どこを見（み）て話（はな）せばいいのか？
- どこを見（み）て聞（き）けばいいのか？

西脇（にしわき）メモ

いっぱい情報（じょうほう）があることが特徴（とくちょう）！

フラッシュタイプのスライド

特徴

- 話の内容に合わせて スライドが切りかわる（＝フラッシュ）
- わかりやすい
- 字が大きい
- 字が少ない
- 枚数が多い
- 話をしていることと見ていることが同じ

スライドを作る道具

● PowerPoint（パワーポイント）やKeynote（キーノート）

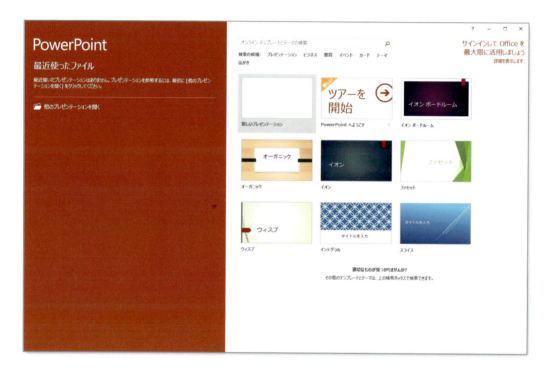

● ポスターやスケッチブックに絵を描いたり写真を貼ったりしてもOKです。

 スライドを作るのにはパワーポイントを使うのが便利だけど、紙を使うのでも大丈夫。大切なことは、「きちんと伝わるか」「きちんと説明できるか」だよ！

お手本

スライドを説明しよう

上の絵を説明してみよう！

石の上に赤いりんごが一個あります

石の右に青いりんごが一個あります

左の木の真ん中の枝の先に青い鳥が一羽とまっています

右の木の右側にカモが一羽います

西脇メモ　答えが書けたら声に出して読みあげてみよう！

問題 32

スライドを説明しよう

上の絵を説明してみよう！

 答えが書けたら大きな声で読みあげてみよう！

問題 33

スライドを説明しよう

上の絵を説明してみよう！

問題 34

スライドを説明しよう

上の絵を説明してみよう！

お手本

スライドを説明しよう

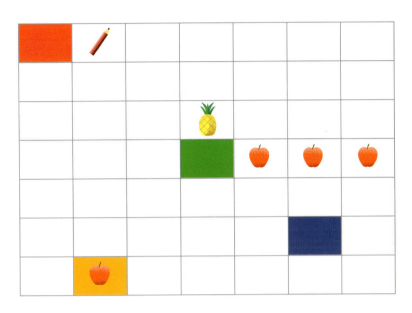

上の絵を説明してみよう！

ペンは1本、パイナップルは1個、りんごは全部で4個あります

赤いマスの右のマスにペンがあります

緑のマスの上のマスにパイナップルがあります

緑のマスの右の3つのマスにはすべてりんごがあります

黄色いマスの中にりんごがあります

もんだい
問題 35 ··

スライドを説明しよう

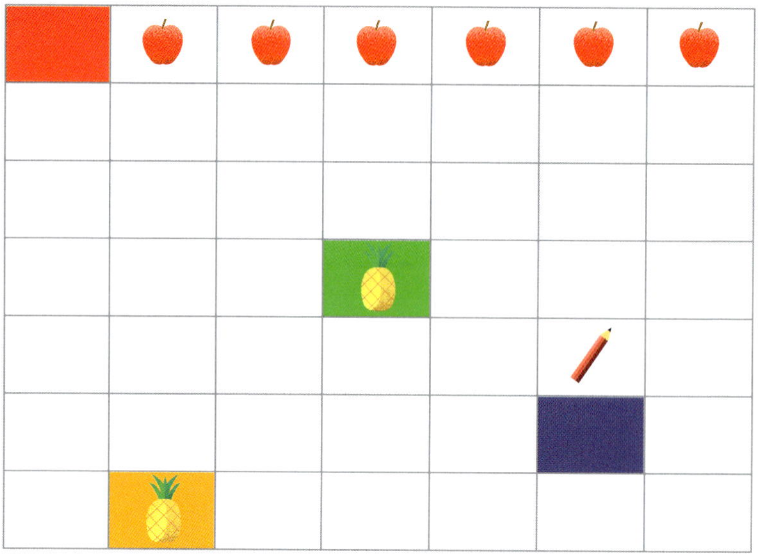

上の図を説明してみよう！

スライドを説明しよう

上の図を説明してみよう！

第3章まとめ

➡発表資料のことを「スライド」といいます。

●いろんな種類の資料／スライドがあります。

　・ふつうタイプ

　・こまかいタイプ

　・フラッシュタイプ

●それぞれのスライドの特徴をつかんで、上手に使い分けましょう。

●スライドを作る道具

　・PowerPoint(パワーポイント)、Keynote(キーノート)

　・ポスターやスケッチブックに絵を描いたり写真を貼ったりする。

●スライドを説明する練習をしよう。

　・きちんと説明できるスライドを作ろう。

第4章

かっこよく話す
基本テクニックと裏技

この章で学ぶこと

かっこいい話しかたを身に付けましょう。言葉のかざりかたや、あいさつのコツ、まとめかたのコツ、たとえの方法を勉強します。

お手本

名詞だけではなく修飾をする

力強い　　　**ライオン**

かっこいいかざり
（修飾）

名詞

かっこいいかざりを考えてみよう

ライオン

 答えを書いたら声に出して読みあげてみよう！

かっこいいかざりを考えてみよう

パイナップル

かっこいいかざりを考えてみよう

子猫

かっこいいかざりを考えてみよう

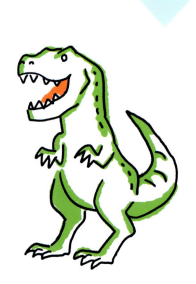

恐竜

かっこいいかざりを考えてみよう

お姫さま

かざりだけで色の違いを伝えよう

赤
- 燃えるような
- やけどしそうな
- あたたかい
- あつい
- 血のような

青

緑

白

かざりだけで果物を伝えよう

すっぱい
みずみずしい
新鮮な
大好きな

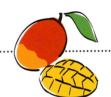

 なるべく同じことを書かないでがんばってみよう

かざりだけで説明しよう

問題 45

"たとえ"（比喩）で話をしてみよう

伝えたいもの／ことを
別のもの／ことにたとえて話す

［　　　　　　　　　　］のような

りんご

［　　　　　　　　　　］のような

宝石

［　　　　　　　　　　］のような

猫

お手本

「事実」と「意見」を組み合わせよう

事実（Fact）

↓

絶対に間違っていないこと、本当に起きたこと

意見（Opinion）

↓

自分が思っていること、多くの人が思っていること

犬の命

1日400頭の犬の命が
うばわれています　　　　　とても残念な　ことです

事実（Fact）　　　　　　意見（Opinion）

問題 46

事実と意見を結びつけてみよう

事実	意見
1日400頭の犬の命がうばわれています	とても残念なことです
夏休みは、40日しかありません	ちょうどいい長さです
世界には120年以上も生きたカメがいます	もっと長くしてほしいです
学校の机は勉強しやすく幅が65cmあります	とても長いと思います

西脇メモ　答えを結びつけたら、声に出して読みあげてみよう！

問題 47

事実に対して意見を付けてみよう

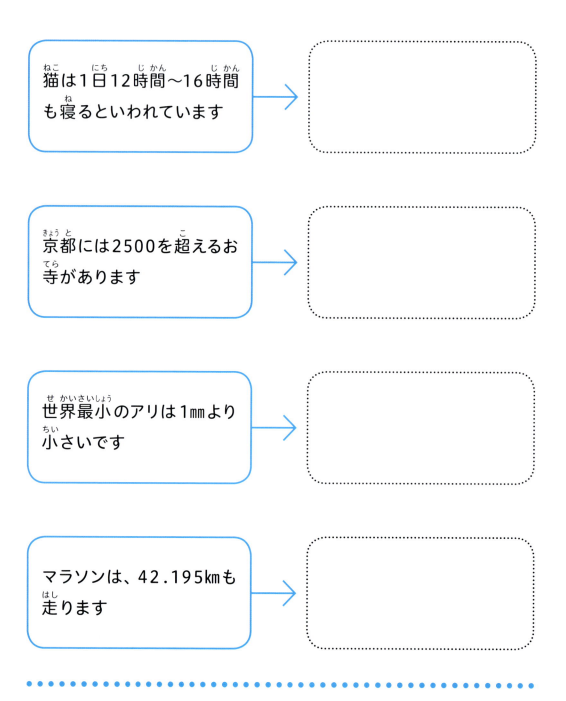

猫は1日12時間〜16時間も寝るといわれています →

京都には2500を超えるお寺があります →

世界最小のアリは1㎜より小さいです →

マラソンは、42.195㎞も走ります →

問題 48

事実に対して意見を付けてみよう

- 日本の台風の月別発生数は8月が一番多いです →

- 清水寺は西暦778年に建てられました →

- 京都から東京まで新幹線で2時間半です →

- インドの人口は12億人を超えます →

問題 49

事実に対して意見を付けてみよう

チーズの種類は世界中で3000種類以上あるといわれています。　→

2025年、大阪で万博が行なわれる予定です。　→

コンピューターは「0」と「1」だけで計算しています。　→

世界14カ国が加盟する、政府間組織「台風委員会」によって、台風の名前が決められています。　→

お手本

ブリッジを入れよう

ブリッジって？

スライドとスライドの間に話が途切れないように入れる言葉を「ブリッジ」といいます。次のスライドを見せる前に「ブリッジ」を挟んでみましょう。

ブリッジを入れよう

四季おりおりの花

春の花には、たんぽぽやサクラ、パンジーなどがあります。

_____

_____

_____

← ブリッジを入れてみよう

夏の花にはあじさいやひまわりなどがあります。

ブリッジを入れよう

季節のスポーツ

冬のスポーツ

冬に行なわれるスポーツにはスキーやスノーボード、スケートがあります。

←ブリッジを入れてみよう

夏のスポーツ

夏のスポーツには、水泳やサーフィン、カヌーなどがあります。

問題 52

ブリッジを入れよう

かぜの予防をしよう

かぜの症状

かぜの症状には、せき、くしゃみ、ずつうなどがあります。

_____

_____

_____

← ブリッジを入れてみよう

かぜの予防

かぜの予防として、手洗い、うがい、マスクなどをしましょう。

問題 53

ブリッジを入れよう

太閤検地のはじまり

豊臣秀吉が天下統一をしたとき

その土地がどれだけの米を作ることができるのかわからなかった。

_____
_____
_____

← ブリッジを入れてみよう

太閤検地

太閤検地では、土地の大きさを正しくはかり、どれだけの米を作ることができるのかを決めた。

第4章まとめ

かっこよく話すには……

1． まず、「かっこいいかざり」をつけてみよう。

2． 次に、「事実」と「意見」を組み合わせてみよう。

3． そして、スライドとスライドの間に「ブリッジ」を入れてみよう。

第5章

実践！プレゼンテーションの手引き

この章で学ぶこと

これまで学んできたことを使って、実際にプレゼンテーションをしてみよう

1. 伝えたいことを決めよう
2. シナリオを考えよう
3. 資料を作ろう
4. 発表しよう

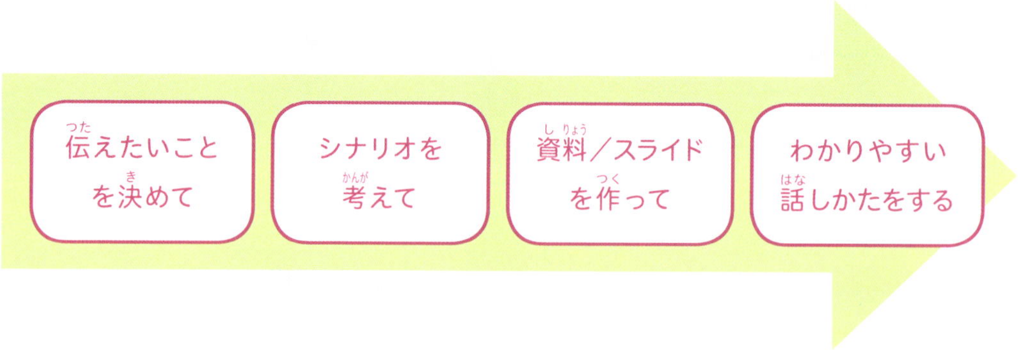

伝えたいことを決めて → シナリオを考えて → 資料/スライドを作って → わかりやすい話しかたをする

伝えたいことを決めよう

> 例
> わたしの好きなスポーツ
> わたしの宝物
> わたしの町の自慢
> 中学生になったらやりたいこと

伝えたいことを書き出してみよう

「わたしの好きなスポーツ」のシナリオ例

どんなスポーツが好き？

そのスポーツはどんなスポーツ？

どうしてそのスポーツが好きになったの？

そのスポーツで将来は何を目指したい？

「わたしの宝物」のシナリオ例

わたしの宝物は何？

どんなものなのかくわしく教えて？

その宝物がなくなったらどうなるの？

だから、その宝物をどうする？

「わたしの町の自慢」のシナリオ例

わたしの町はどんな町？

そのなかでも、自慢できることは？

みんなが知らない、とっておきの秘密を教えて！

そんな町の自慢をなくさせないためには？

問題 58

「中学生になったらやりたいこと」のシナリオ例

中学生にはいつなれるの？

その中学生になったら何をやりたい？

それをやったら、どうなるんだろう？

そんな中学生になるためには、どうすればいいかな？

スライド資料を作ろう

スライド資料の作りかた

☐ 紙に、ペンで書いたり、写真を貼って作る
☐ パソコンで、PowerPointを使って作る

（スライド例）

発表しよう

いつ、どこで、誰に発表するかを決める

いつ？
- ☐ 日曜日の夜
- ☐ 学級会
- ☐ 放課後

誰に？
- ☐ おうちの人に
- ☐ 学校のお友達に
- ☐ 近所のお友達に

どこで？
- ☐ おうちで
- ☐ 教室で
- ☐ お友達の家で

西脇メモ　決めた項目のチェックボックスに ☑ しるしをつけよう。

こんなところに気を付けて発表しよう

☐ 時間は大丈夫か（3分〜5分)?

☐ スライドは見やすいか?

☐ "あいさつ" はできているか?

☐ 声は大きく、元気があるか?

☐ かっこいいかざり（修飾)があるか?

☐ 宝物に関する"意見"がたくさんあるか?

☐ 宝物がなんであるか、わかりやすいか?

発表が終わったら周りの人に評価してもらおう

☐ 時間は大丈夫だったか（3分～5分)?

☐ スライドは見やすかったか?

☐ "あいさつ" はできていたか?

☐ 声は大きく、元気だったか?

☐ かっこいいかざり（修飾）はあったか?

☐ 宝物に関する"意見"がたくさんあったか?

☐ 宝物がなんであるか、わかりやすかったか?

第5章まとめ

●プレゼンテーションを披露するには……

1. 伝えたいことを決めて、
2. シナリオを考えて、
3. 資料を作って、
4. 発表しよう

●以下のことに気を付けてプレゼンテーションを披露しよう

1. 時間は大丈夫か（3分～5分）?
2. スライドは見やすいか?
3. "あいさつ"はできているか?
4. 声は大きく、元気があるか?
5. かっこいいかざり（修飾）があるか?
6. 宝物に関する"意見"がたくさんあるか?
7. 宝物がなんであるか、わかりやすいか?

●プレゼンテーションを披露したら、周りの人に評価してもらおう

模範解答集
<small>も はんかいとうしゅう</small>

模範解答

問題 1 の解答例

赤ちゃんは <u>だっこしてほしい</u> から <u>泣く</u>

赤ちゃんは <u>おむつをかえてほしい</u> から <u>バタバタする</u>

赤ちゃんは <u>赤ちゃん</u> だから <u>泣く</u>

問題 2 の解答例

お母さんは赤ちゃんを <u>寝かせる</u> ために <u>だっこする</u>

お母さんは赤ちゃんを <u>笑わせる</u> ために <u>いないいないバァをする</u>

お母さんは赤ちゃんを <u>安心させる</u> ために <u>子守り唄を歌う</u>

問題 3 の解答例

誰に？
小学生に／児童に／こどもたちに

何を？
横断歩道を／道を

どうやって？
旗を使って／声をかけて

問題 4 の解答例

誰に？
おばあちゃんに／警察の人に

何を？
道を／道順を／宝のありかを

どうやって？
地図を使って／手や指を使って

模範解答

問題 5 の解答例

誰に？
女の子に／生徒に

何を？
表彰状を／賞を

どうやって？
読み上げて／声に出して

問題 6 の解答例

誰に？
国民に／世界に

何を？
自分の考え／意見を

どうやって？
演説で／テレビで／身ぶりで／手ぶりで

問題 7 の解答例

誰に？
会場のお客さんに

何を？
笑いを／ネタを／漫才を

どうやって？
身ぶりで／手ぶりで／
ボケて／ツッコんで

問題 8 の解答例

誰に？
クラスのみんなに／先生に

何を？
研究結果を

どうやって？
グラフや資料を使って

模範解答

問題 9 の解答例

誰に？
テレビを見ている人に

何を？
料理の作りかたを

どうやって？
3分間で実演して／4人で

問題 10 の解答例

 オレンジです

だいだい色の甘ずっぱい果物です。ジュースにして飲むことが多いです。ビタミンCがたくさんふくまれています。パサついてしまうので、切ったらすぐに食べましょう

問題 11 の解答例

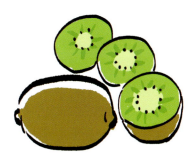

 キウイです

緑色の果肉です。黄色い果肉のもあります。ビタミンCが豊富です。南国で生まれた果実です

問題 12 の解答例

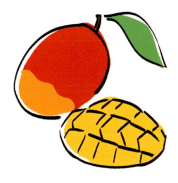

 マンゴーです

南国のフルーツです。甘い香りがします。ドライフルーツもあります。とても甘い果物です

模範解答

問題 13 の解答例

 プリンです

卵や牛乳でできています。とても人気のあるデザートです。いろいろな種類のプリンがあります。茶色い部分はカラメルソースです

問題 14 の解答例

 さくらです

日本を代表する花です。3月下旬から4月にかけて開花します。たくさんの人がお花見をします。いろいろな種類のさくらがあります

問題 15 の解答例

お寿司です ×

たくさんの具材を使った太巻寿司です。切って食べると食べやすいでしょう。もちろん、そのままかぶりつくのもよいでしょう。早めに食べきりましょう

問題 16 の解答例

伝わりやすい順に並べて書き写そう

1. 起きる
2. トイレに行く
3. 朝ごはんを食べる
4. 歯を磨く
5. 着替える
6. 登校班のみんなと合流する
7. 着席

模範解答

問題 17 の解答例

伝わりやすい順に並べて書き写そう →

1. ゴミを捨てる
2. 机を雑巾でふく
3. 本を並べる
4. 鉛筆やペンをペン立てに入れる
5. メモ紙をそろえる

問題 18 の解答例

伝わりやすい順に並べて書き写そう →

1. スコップで芋を掘る
2. 芋を洗う
3. 火を起こす
4. 芋をアルミホイルにつつむ
5. 芋を焼く
6. 芋を食べる

問題 19 の解答例

伝わりやすい順に並べて書き写そう →

1. 注意報・警報
2. 現在の雨雲の様子
3. 明日の予報・降水確率
4. ひと口メモ
5. 週間天気予報

問題 20 の解答例

伝わりやすい順に並べて書き写そう →

1. 応仁の乱で戦国時代へ
2. 本能寺の変で織田信長が死去
3. 豊臣秀吉が天下統一
4. 関ヶ原の戦い
5. 徳川家康が江戸幕府を開く

模範解答

問題 21 の解答例

伝わりやすい順に並べて書き写そう

1. おじいさんが山へ芝刈りに行く
2. おばあさんが川へ洗濯に行く
3. 桃が流れてくる
4. 桃から桃太郎が生まれる
5. 犬、猿、キジをおともにする
6. 鬼と戦う

問題 22 の解答例

伝わりやすい順に並べて書き写そう

1. 鮭を洗って水気をふく
2. 塩、こしょうを振る
3. 小麦粉を鮭にまぶす
4. フライパンでサラダ油を熱する
5. 鮭を焼く
6. バターを加えて溶かす
7. 盛り付ける

問題 23 の解答例

 起: かぜをひいていませんか？

 承: かぜをひかないようにするにはマスクがいいですよ

 転: でも、マスクだけじゃ予防できませんよ

 結: だから、マスクとうがい、手洗いもしましょうね

問題 24 の解答例

 起: あなたの好きなものはなんですか？

 承: プレゼンの練習をするには好きなものについて説明するのがおすすめです

 転: どうしてかって？ 好きなものについてプレゼンの練習をするほうが、好きじゃないものについてプレゼンの練習をするより上手になれるからです

 結: だから、あなたの大好きなものについてプレゼンしてみましょう

模範解答

問題 25 の解答例

 起: ハロウィンは何の日か知っていますか？

 承: もともとは、秋の収穫を祝い、悪霊を追い払う行事でした

 転: ところで、昔はカボチャではなくカブが使われていたんですよ

結: お友達や家族と、ハロウィンの起源について話してみるのもいいかもしれませんね！

問題 26 の解答例

 起: 朝ごはん、食べてますか？

 承: 朝ごはんを食べない人が増えているよ

 転: 朝ごはんを食べないとなかなか元気が出てこないよ

 結: だから朝ごはんを食べようね

問題 27 の解答例

起: "自分の宝物"を書いてください。
トラとライオンの置き物です

承: その"宝物"が、どういうものなのか、くわしく書いてください。いつ手に入れたの？ どこで？ どうやって？ 大きさや色は？
力強い表情をしています。今にもうごきそうなくらい本物のようです。大きさは手のひらにのるくらいです

転: どうしてそれが"宝物"なんですか？
とても仲の良い友達にプレゼントされたからです

結: その"宝物"をこれから先、どうしていきますか？
これからもずっと大事にしてゆきます

問題 28 の解答例

結論: かぜの予防には、マスク、うがい、手洗いをしましょうね

理由: なぜなら、マスクだけではウイルス予防にならないからです

他: しかも、マスクは口だけでなく、鼻にもちゃんとあてましょう

模範解答

問題 29 の解答例

結論
朝ごはんを食べようね

理由
なぜなら朝ごはんを食べないとなかなか元気が出てこないからです

他
食パン1枚でも食べるといいですよ

問題 30 の解答例

結論
授業の復習はその日のうちにやりましょう

理由
なぜなら、学んだことはすぐに忘れてしまうからです

他
その日のうちに復習をすれば、80%の知識が定着するといわれています

問題 31 の解答例

結論　朝は大きな声であいさつをしてみませんか？

理由　なぜなら、あいさつをすると気持ちよく過ごせるからです

他　お腹から声を出すといい声が出ますよ

問題 32 の解答例

石の上に青いりんごが一個あります
石の右にカモが一羽います
左の木の右の枝の先に赤いりんごがあります
右の木の右側にカモが一羽います

模範解答

問題 33 の解答例

左の木の右側の枝に青い鳥が2羽止まっています

左の木の右側に青いりんごがあります

右の木の全部の枝に赤いりんごがあります

右の石の上にカモが1羽います

問題 34 の解答例

石の上にカモが2羽います

左の木の左側の枝に青いりんごがあります

左の木の真ん中の枝に青い鳥が止まっています

木と木の間に青い鳥がいます

右の木の左と中央の枝に赤いりんごがそれぞれ

あります

右の木の横に赤いりんごがあります

問題 35 の解答例

ペンは1本、パイナップルは2個、りんごは全部で6個あります

赤いマスの右の6つのマスにはすべてりんごがあります

緑のマスの中にパイナップルがあります

青いマスの上にペンがあります

黄色いマスの中にパイナップルがあります

問題 36 の解答例

ペンは1本、パイナップルは3個、りんごは全部で4個あります

赤いマスの上にりんごがあります

左側の黄色いマスの上にりんごがあります。そのりんごの右側を1マス開けたマスの中にパイナップルがあります

右側の黄色いマスの中にりんごがあります

いちばん下の行には、左から3つ目と4つ目のマスの中にパイナップル、その右隣のマスにりんごがあります

模範解答

問題 37 の解答例

野生の
美しい
百獣の王の
サバンナの王の
意外とかわいい

ライオン

問題 38 の解答例

もぎたての
おいしそうな
新鮮な
いいにおいのする

パイナップル

問題 39 の解答例

ぬいぐるみのような
かわいい
モフモフした
思わず抱きしめたくなる

子猫

問題 40 の解答例

迫力満点の
はるか昔に絶滅した
かっこいい
みんなの大好きな

恐竜

模範解答

問題 41 の解答例

- かわいい
- うつくしい
- 強そうな
- 楽しげな
- 気品ある

お姫さま

問題 42 の解答例

赤
- 燃えるような
- やけどしそうな
- あたたかい
- あつい
- 血のような

青
- 深い
- 涼しげな
- 海のような
- 寒そうな

緑
- うっそうとした
- くっきりとした
- もゆる

白
- 清潔な
- 何もない
- くもりのない

問題 43 の解答例

すっぱい
みずみずしい
しんせんな
大好きな

少しイガイガする
冷やして食べたい
南国生まれの
すっぱい
お肉にも合う

消化によい
とても安い
ヨーグルトに入れたい
凍らせて食べたい

とても甘い
少し高価な
ドライフルーツにしてもおいしい

問題 44 の解答例

ねばねばした
栄養満点の
体によい
苦手な人もいる

ねばねばした
シャキシャキした
ちょっと苦い

おじいちゃんが大好きな
僕も大好きな
つるっとしたのどごしの
香川県でよく食べられている

わたしの大好きな
ケチャップの味が
おいしい
どこかなつかしい

模範解答

問題 45 の解答例

宝石 のような　りんご

宇宙のかけら のような　宝石

天使 のような　猫

問題 46 の解答例

1日400頭の犬の命がうばわれています → とても残念なことです

夏休みは、40日しかありません → もっと長くしてほしいです

世界には120年以上も生きたカメがいます → とても長いと思います

学校の机は勉強しやすく幅が65㎝あります → ちょうどいい長さです

問題 47 の解答例

猫は1日12時間〜16時間も寝ると言われています ⟶ ほとんど寝てばかりだと思いませんか

京都には2500を超えるお寺があります ⟶ とても多いと思います

世界最小のアリは1㎜より小さいです ⟶ すごく小さいと思いませんか?

マラソンは、42.195㎞も走ります ⟶ とても長いですよね

問題 48 の解答例

日本の台風の月別発生数は8月が一番多いです ⟶ 8月は天気予報をこまめにチェックすべきですね

清水寺は西暦778年に建てられました ⟶ とても長い歴史があります

京都から東京まで新幹線で2時間半です ⟶ あっという間です

インドの人口は12億人を超えます ⟶ とてつもない数です

問題 49 の解答例

チーズの種類は世界中で3000種類以上あると言われています ⟶ たくさんありすぎです

2025年、大阪で万博が行なわれる予定です ⟶ とても楽しみです

コンピューターは「0」と「1」だけで計算しています ⟶ すばらしい発明です

世界14カ国が加盟する、政府間組織「台風委員会」によって、台風の名前が決められています ⟶ あまり知られていないことです

模範解答

問題 50 の解答例

> そして梅雨が明けると

← ブリッジを入れてみよう

問題 51 の解答例

> では夏になるとどうでしょうか

← ブリッジを入れてみよう

問題 52 の解答例

> かぜをひかないようにするには

← ブリッジを入れてみよう

問題 53 の解答例

> そこで考えた政策がこちら

← ブリッジを入れてみよう

問題 54 の解答例

これから研究したいこと／地球温暖化をとめるには／クラス自慢

問題 55 の解答例

| 水泳です | プールの中をおよぎます。速さをきそいます | 小さい頃から習っているからです。プールが好きだからです | オリンピック選手になりたいです |

問題 56 の解答例

| うちの猫のチャーリー | わたしが7才のときにうちにやってきました | 悲しくてがまんができなくなります | 毎日を大切にたくさんかわいがってやりたいです |

問題 57 の解答例

| 古い歴史のある本町です | とても古いお寺が何軒もあります。神社もあります | 日本一おいしいどら焼きの店があります | 町のよさをみんなに伝えていきたいです |

問題 58 の解答例

| 来年／2年後／3年後など | ギター／新しい習いごと など | 生活がもっと楽しくなる／得意なことができる | お母さんやお父さんと話してみる |

保護者のみなさんへ

プレゼンテーションを
学ぶということ

立命館小学校 主幹　六車陽一

　2014年の秋から子供たちに1人1台自分のタブレットPCを持たせることが決まったとき、日本マイクロソフトからある提案がありました。「子供たちに日本マイクロソフトのエバンジェリストがプレゼンテーションを教える講座を開いてはどうでしょうか」。それが、おそらく「エバンジェリスト」という言葉を初めて聞いた瞬間でした。「プレゼンテーションのプロです」。当初はそう言われてもいまいちピンとこない感じでした。また、「プレゼンテーションって教えるもので教える人がいるんだ」というのが正直な感想でした。子供たちのための授業であるにもかかわらず、教師である私自身がとてもわくわくしたのを覚えています。

　そして実際に西脇さんにお会いし、授業が始まりました。とてもやさしく、ゆっくりと話される西脇さんに子供たちはすぐに心を開いていきました。

　プレゼンテーション講座は6年生を対象として、週1回のペースで1か月半ほどの間に第1回のキックオフから始まり、第5回まであります。子供たちはシナリオの作り方やPowerPointの使い方、かっこいいしゃべり方などを習い、「わたしの宝物」をテーマに実際にプレゼンテーションを行ないます。最後に、各クラスから代表が2名ずつ出て、学年でコンテストを行ない、立命館小学校のプレゼンテーション優勝者を選びます。

　このプレゼンテーション講座では、子供たちが「発見」している姿をよく見かけます。「りんご」を相手に伝えるとき、言葉で伝える以外に絵をかいたり粘土などで作ったりする方法もあることを知ります。「りんご」を「りんご」という言葉を使わずに伝えようという課題では、日ごろは伝えたいことをより詳

しく調べ、わかりやすく伝えるための努力をあまりしていなかったことに気づきます。

　プレゼンテーションには「何を伝えるのか」「どうやって伝えるのか」「誰に伝えるのか」の3つの要素があることを教わります。「何を伝えるのか」では、事実や書いてあることだけを読むのではなく、自分の意見や考えを話すことが大事だと教わりました。簡単なようですが、いざやってみると子供たちの中には自分の意見や考えを相手にわかりやすく言うことが苦手な子がいます。自分がどう思ったのか、どう感じたのか、どのような意見を持っているのかを伝える授業は子供たちにとってとても良い学びの時間になっていると思います。

　現在、「相手に自分の考えを伝える」というのは、例えば国語の授業などを中心に教えていることですが、なかなか時間をかけてしっかりと教えることはできていないのが現状ではないかと思います。このプレゼンテーション講座では十分な時間をかけて（10時間）、「伝える力」がいかに大事か、そして分かりやすく伝えるためにはどのような準備が必要か、声の出し方やジェスチャーの使い方、スライドの説明の仕方などなど多くのことを学ぶことができます。

　私は、このプレゼンテーション講座で身に付く力は、子どもたちが未来を生きるために今学習すべき力であると思っています。グローバル化が進んだ世の中では、文化の違う人と接しコミュニケーションをとる必要性が高くなります。「忖度する」ではないですが、相手の言いたいことを考えながらコミュニケーションをとる日本人のやり方は通用しなくなる可能性があります。「何を」「誰に」「どうやって」わかりやすく伝えるのかを体系立てて学び、自分の意見や思いなどを的確に伝える力を身に付け、改まったプレゼンテーションの場だけでなく、日常でもしっかりとしたコミュニケーションをとることができる人になってほしいと思います。

本書内容に関するお問い合わせについて

このたびは翔泳社の書籍をお買い上げいただき、誠にありがとうございます。弊社では、読者の皆様からのお問い合わせに適切に対応させていただくため、以下のガイドラインへのご協力をお願い致しております。下記項目をお読みいただき、手順に従ってお問い合わせください。

● ご質問される前に
弊社Webサイトの「正誤表」をご参照ください。これまでに判明した正誤や追加情報を掲載しています。

正誤表　　https://www.shoeisha.co.jp/book/errata/

● ご質問方法
弊社Webサイトの「刊行物Q&A」をご利用ください。

刊行物Q&A　　https://www.shoeisha.co.jp/book/qa/

インターネットをご利用でない場合は、FAXまたは郵便にて、下記"翔泳社 愛読者サービスセンター"までお問い合わせください。電話でのご質問は、お受けしておりません。

● 回答について
回答は、ご質問いただいた手段によってご返事申し上げます。ご質問の内容によっては、回答に数日ないしはそれ以上の期間を要する場合があります。

● ご質問に際してのご注意
本書の対象を越えるもの、記述個所を特定されないもの、また読者固有の環境に起因するご質問等にはお答えできませんので、あらかじめご了承ください。

● 郵便物送付先およびFAX番号
送付先住所　　〒160-0006　東京都新宿区舟町5
FAX番号　　　03-5362-3818
宛先　　　　　（株）翔泳社 愛読者サービスセンター

※本書の出版にあたっては正確な記述につとめましたが、著者や出版社などのいずれも、本書の内容に対してなんらかの保証をするものではなく、内容やサンプルに基づくいかなる運用結果に関してもいっさいの責任を負いません。

※本書に記載されている会社名、製品名はそれぞれ各社の商標および登録商標です。

プレゼンドリル　伝えかた・話しかた

2019年6月19日　初版第1刷発行
2019年8月 5日　初版第2刷発行

著　　　者　　西脇資哲（にしわきもとあき）

発　行　人　　佐々木幹夫
発　行　所　　株式会社　翔泳社（https://www.shoeisha.co.jp/）
印刷・製本　　凸版印刷株式会社

....

組版・装幀　　Asyl（佐藤直樹＋菊地昌隆）
イラスト　　　ハギーK

....

©2019 Motoaki Nishiwaki

・本書は著作権法上の保護を受けています。本書の一部または全部について（ソフトウェアおよびプログラムを含む）、株式会社翔泳社から文書による許諾を得ずに、いかなる方法においても無断で複写、複製することは禁じられています。
・落丁・乱丁本はお取り替えいたします。03-5362-3705までご連絡ください。

ISBN978-4-7981-5771-9　Printed in Japan